ÉTUDE MILITAIRE

SUR

LE TONKIN

PAR

le Commandant LE PRINCE

PARIS

LIBRAIRIE MILITAIRE DE L. BAUDOIN

IMPRIMEUR-ÉDITEUR

30, Rue et Passage Dauphine, 30

1893

Tous droits réservés.

ÉTUDE MILITAIRE

SUR

LE TONKIN

PAR

le Commandant LE PRINCE

PARIS

LIBRAIRIE MILITAIRE DE L. BAUDOIN

IMPRIMEUR-ÉDITEUR

30, Rue et Passage Dauphine, 30

1893

Le Commandant **LE PRINCE**

au

GÉNÉRAL BRIÈRE DE L'ISLE

Inspecteur général permanent de l'infanterie de marine.

Mon Général,

J'ai l'honneur de vous faire hommage d'une Étude militaire sur le Tonkin, en souvenir de l'époque pendant laquelle j'ai eu l'honneur de servir sous vos ordres dans ce pays et en reconnaissance de la bienveillance que vous avez bien voulu me témoigner.

Paris, le 4 décembre 1892.

Cᵗ **LE PRINCE.**

ÉTUDE MILITAIRE

SUR LE TONKIN.

CHAPITRE PREMIER.

La piraterie au Tonkin. — Causes de son développement. — Ses relations
avec la Chine. — Son rôle dans le cas d'un conflit armé entre la France et
la Chine coïncidant avec une guerre européenne. — Conclusion.

L'impossibilité dans laquelle nous nous trouvons, depuis plusieurs années, de progresser au Tonkin est un fait qui paraît incontestable à tous ceux qui, de près ou de loin, suivent avec quelque attention le développement de la question indo-chinoise. Certains esprits, et non des moins clairvoyants, estiment même que notre autorité et notre influence ont commencé, en Annam et au Tonkin, un mouvement rétrograde qui, pour être lent à son début, n'en est pas moins très appréciable et très dangereux.

La cause, ou plutôt la manifestation apparente des nombreuses causes qui ont provoqué cet état de choses, — arrêt ou recul, — est elle-même incontestée : c'est la piraterie. Détruire ou supprimer la piraterie, rechercher les causes qui ont permis l'éclosion puis le développement de cette plaie, afin d'éviter une nouvelle manifestation du mal en le combattant dans ses origines, tel est le programme qui s'impose à nous si nous voulons tenir nos engagements, sauvegarder notre honneur national, maintenir intact le prestige du nom de notre pays et prouver, une fois de plus, la vitalité du génie d'expansion de notre race.

La destruction ou la suppression de la piraterie ne peut être, considérée dans son ensemble, qu'une œuvre de violence qu'il appartient à l'armée d'accomplir. L'étude des causes de la maladie, dont elle n'est que le signe manifeste, est une question de politique coloniale qu'il est du devoir de nos hommes d'État d'entreprendre et d'approfondir.

On englobe, au Tonkin, sous la dénomination générale de *pirates* tous les individus qui, soit isolés, soit réunis en bande, pillent, à main armée et au mépris des lois, les individus, les centres habités, les embarcations de rivière ou de mer, et qui exploitent, pour leur propre compte, des portions de territoire échappant ainsi complètement à l'autorité royale. Antérieurement à la date du guet-apens de Hué, à la fuite du roi Ham-Nghi (1885) et à sa déchéance [1], la définition que nous venons de donner du *pirate* avait un sens bien précis. Elle n'a plus aujourd'hui qu'un sens relatif, en ce qui concerne surtout les bandes de quelque importance. Ces bandes, en effet, persistent à reconnaître, au moins en apparence, la légitimité des droits du roi déchu et traitent, à leur tour, de *pirates* les indigènes du Tonkin et de l'Annam qui font cause commune avec les *brigands de l'Ouest*, appellation dont ils nous qualifient.

Certains auteurs de rapports officiels ou de documents relatifs au Tonkin récemment parus, semblent vouloir classer les indigènes réfractaires à la reconnaissance de nos droits sur leur pays, en *pirates* et *rebelles*. Nous estimons, pour notre part, que, à l'exception de quelques individualités isolées et poursuivant un but exclusivement patriotique, — l'ancien régent Tu-yet par exemple, — il existe uniquement au Tonkin des chefs et des bandes pirates abritant, en vue d'intérêts faciles à distinguer, leurs violences, leurs vols et leurs brigandages sous le drapeau de la rébellion. Nous nous en tiendrons donc à l'expression de *pirates* pour désigner les bandes du Tonkin qui tiennent nos armes en échec et qui opposent ainsi une barrière solide et ferme à la progression de notre influence.

Un grand nombre d'officiers, de fonctionnaires et de colons croit que la piraterie, telle que nous l'avons définie ci-dessus, existe au Tonkin depuis de longues années. Cette croyance qui semble, de prime abord, très naturelle et très justifiée, étant donnés le nombre, la régularité de l'organisation et la force de

---

[1] L'ex-roi Ham-Nghi est actuellement interné à Alger et pensionné par le gouvernement français.

résistance des bandes, est erronée. Les mandarins, les lettrés et les habitants acquis à notre cause sont unanimes à déclarer qu'il n'existait pas, avant notre arrivée dans le pays, de bandes organisées exerçant leurs déprédations *à terre,* et que les seuls pirates, opérant avec quelque ensemble et sous la direction de chefs reconnus, étaient les Chinois, les Annamites et les Métis qui exploitaient les cours d'eau des provinces d'Haï-Zuong, de Quan-Yen et les villages ou les marchés situés sur les berges de ces cours d'eau. Les repaires et les dépôts de butin et d'approvisionnements de ces pirates, d'ailleurs mal armés, étaient les grottes de la vallée du Song-Ky, l'île des deux Songs, la Cac-Ba et l'inextricable dédale des îlots de la baie de Hon-Gay et de la baie de Ha-long.

On trouvait bien, à la même époque, des rassemblements exclusivement formés de Chinois, débris agglomérés des Taïpings, qui, sous le nom de Pavillons-Noirs ou de Pavillons-Jaunes, s'étaient établis dans les hautes vallées du fleuve Rouge et de la rivière Claire, mettant le commerce de ces deux voies en coupe réglée; mais il y avait eu bientôt d'abord scission, puis lutte entre les deux couleurs. Les Pavillons-Jaunes, battus et affaiblis par la défaite, avaient alors fondé des exploitations agricoles ou minières et accepté de vivre sous les lois annamites. Quant aux Pavillons-Noirs, devenus redoutables et menaçants pour l'intégrité du territoire tonkinois, ils avaient vu le gouvernement annamite légitimer leur intrusion dans le pays, les prendre en partie à sa solde et accepter l'établissement sur le fleuve Rouge, — entre Hong-Hoa et la frontière chinoise, — de douanes irrégulières qui fonctionnaient de fait, depuis longtemps, à leur profit. On peut donc admettre comme vrai que, à l'époque de la conquête du Tonkin par nos armes, la piraterie *de terre* n'existait pas, *officiellement,* dans le pays.

La formation de cette piraterie ne saurait être exposée avec certitude de vérité. Toutefois, en partant de son état actuel de développement, malheureusement trop palpable, et en jalonnant un travail d'analyse sur des faits nettement connus, tels que les limites de son extension et le degré de résistance qu'elle a opposé à nos armes à diverses époques depuis la signature du traité de paix avec la Chine, sa composition ethnologique, etc., etc., on pourrait, croyons-nous, se rendre un compte assez exact des causes de sa formation et de ses rapides progrès.

Nous avons fait, dans notre esprit, un travail de ce genre. Il nous a conduit à classer en deux catégories bien distinctes les causes de la formation et du développement des bandes pirates, à savoir : 1º la catégorie des causes dont nous, Français, sommes seuls responsables, et 2º la catégorie de celles qui, bien que nées de la conquête du Tonkin, ne proviennent qu'indirectement de cette conquête et sont imputables, sans réserve, à la duplicité de la cour d'Annam ou à la sourde inimitié des Célestes pour les Européens.

Il nous paraît trop difficile et trop délicat de reproduire la série des raisonnements et des réflexions qui nous a conduit à isoler les causes rentrant dans la première catégorie. Aussi, nous bornerons-nous à affirmer que l'établissement prématuré du régime civil, la diminution systématique de l'effectif des troupes françaises ou algériennes et leur remplacement par des milices indigènes insuffisamment ou mal encadrées, le sycophantisme des uns, la servilité des autres, l'insuffisance, l'incapacité ou l'indifférence de presque tous et, au-dessus de ces causes en les résumant toutes, l'ostracisme, né de la lutte égoïste des partis politiques, dans lequel la métropole tient les pays de protectorat de l'Extrême-Orient, sont les causes les plus effectives du développement considérable que les bandes pirates ont pu acquérir en moins de six ans.

L'égoïsme des partis politiques? Il se garde bien de se donner carrière sur les questions de défense nationale, que la gravité, l'imminence et la proximité du danger ont rendu familières à la masse du pays. S'il s'agit de l'une d'elles, il prend le masque du patriotisme le plus ardent, sinon le plus éclairé, à moins qu'il ne soit lui-même un masque dont les partis s'affublent pour les luttes intestines et qu'ils déposent en présence de l'intérêt sacré de la patrie commune. S'il s'agit de questions coloniales, l'image de la patrie disparaît; chaque parti se concentre; à peine commencée, la discussion s'envenime; elle dégénère bientôt en dispute, parfois grossière, et, comme pour montrer qu'il ne s'agit pas d'intérêts français, on lance, sous forme d'injure, aux partisans clairsemés de notre expansion en Asie l'épithète de *Tonkinois*.

Pour éviter l'injure, pour éviter surtout le discrédit qui pourrait compromettre ou diminuer leurs chances de participation à la direction des affaires du pays, ces Tonkinois font, autant qu'ils le peuvent, le silence autour des événements dont l'Indo-Chine est le théâtre pendant qu'aucun des partis n'hésite, pour les besoins de sa propre cause, à travestir, à amoindrir ou à amplifier ces événements lorsque, par leur importance, ils peuvent devenir pour lui une arme de combat. Et qu'on ne nous accuse pas d'exagération ! Tandis qu'une fraction de la presse mentionnait les morts du capitaine de Guigné, du lieutenant de Vathaire et du lieutenant Esterharzy, comme survenues à la suite de blessures de guerre, et concluait de ces morts à la situation troublée du Tonkin, une deuxième fraction, et non la moins officielle, se contentait de citer ces officiers, après bien d'autres, comme simplement *décédés* dans la colonie, refusant ainsi systématiquement à leur mémoire la mention *tué à l'ennemi*, à laquelle ils avaient un droit absolu.

Malgré le désir que nous avons exprimé d'énumérer, sans les discuter, les causes du développement des bandes pirates du Tonkin, dont la France est responsable, nous avons été entraîné, à propos de l'une d'elles, hors des limites prudentes que nous nous étions fixées. C'est que le sujet nous tient au cœur et que nous n'avons pu nous empêcher de protester, au nom des soldats vivants, contre l'amoindrissement de la mémoire de soldats morts glorieusement en accomplissant leur devoir.

Les causes de la formation et du développement des bandes pirates, imputables à la duplicité de la cour de Hué ou à la sourde hostilité du Céleste-Empire, se manifestent par des actes constants qui tombent sous les sens de tous les militaires, fonctionnaires ou colons, même les moins prévenus contre la mauvaise foi des Orientaux, sans qu'il leur soit nécessaire d'avoir recours à la moindre réflexion ou au plus simple raisonnement. Elles dérivent toutes de deux faits, à savoir : 1° que, malgré les traités signés et des protestations de dévouement cent fois renouvelées, les mandarins et les lettrés, tant de l'Annam que du Tonkin, n'accepteront jamais, sans une arrière-pensée, indépendante du reste de tout sentiment patriotique, de n'être que les collaborateurs muselés, garrottés et entravés de l'administration civile française ; 2° que les castes dirigeantes de l'empire chinois considéreront toujours la possibilité de pénétration, sur le territoire de l'empire, des idées et des mœurs de l'Europe comme un péril mortel pour leur influence et surtout pour l'existence de leurs privilèges.

Il ne paraît pas impossible d'arriver à supprimer l'appui, plus moral encore qu'effectif, que les mandarins et les lettrés de l'Annam et du Tonkin donnent aux pirates. Il suffirait peut-être, pour arriver à ce résultat, soit de leur enlever toute participation à l'administration de leur pays et de confier cette administration à des fonctionnaires exclusivement français, comme le demande, croyons-nous, l'école de M. Harmand, soit, au contraire, de les affranchir de la tutelle des résidents actuels et de leur rendre ainsi l'indépendance administrative dont ils jouissaient, de fait sinon de droit, lorsque le Tonkin et l'Annam étaient soumis au régime militaire. Ce sont là des questions de forme à donner à l'application pratique de notre protectorat, questions qui ne semblent pas insolubles et dont l'étude appartient aux hommes d'État et au gouvernement français.

Quant à l'hostilité de la Chine, apparente ou cachée, violente ou sourde, elle subsistera toujours. Elle constitue actuellement l'appui le plus effectif de la grande piraterie au Tonkin et elle est ainsi un danger permanent qui peut, dans certaines éventualités, devenir pour nous, comme nous l'exposerons plus loin, l'origine d'irréparables désastres.

Cette hostilité ne date pas d'aujourd'hui et, pour se manifester principalement envers nous, elle n'en existe pas moins contre toutes les puissances, surtout contre les puissances européennes que le besoin d'expansion a conduit jusqu'aux frontières du Céleste-Empire.

Si l'on jette un coup d'œil sur une carte de l'Asie on voit que, par le Turkestan et la Sibérie, par l'Hindoustan et la Birmanie, par le Tonkin, la Russie, l'Angleterre et la France sont limitrophes de la Chine. La proximité de la Russie dans le Turkestan ne paraît pas devoir inquiéter les Célestes ; la muraille mitoyenne constituée par le plateau de Pamir, longue de 100 lieues, large de 100 lieues et haute de 7,000 mètres, semble les garantir, en effet, contre toute pénétration de l'influence russe par l'ouest.

La pénétration de cette influence par le nord ne doit pas leur paraître plus redoutable. Il ne semble pas qu'après avoir traversé les déserts glacés de la Sibérie elle puisse franchir la série des grandes chaînes qui, de Samarcand à Kouldja et presque jusqu'à l'océan Pacifique, forment, sous les noms de Tian-Chan, d'Altaï, de Balkal et de Yablonovoï, le rempart naturel du nord de la Chine. Aussi, la surveillance inquiète des Célestes sur les progrès des Russes s'exerce-t-elle, à peu près exclusivement, dans la direction du nord-est vers la Corée et Vladivostock, sans se manifester cependant par des vexations ou des actes de brigandage que la Russie ne paraît pas d'humeur à supporter et qu'elle est, du reste, en mesure de venger, en exerçant des représailles sur les ports chinois avec les canons de son escadre du Pacifique.

Les murailles multiples de l'Himalaya occidental et de ses avant-chaînes séparent l'Hindoustan de la Haute-Tartarie ou Turkestan chinois et, bien que l'Indus et le Bahmapoutre prennent leur source sur le versant septentrionnal de ces montagnes, les fleuves de l'Inde ne constituent pas, pour l'influence anglaise, des voies de pénétration dont les Célestes aient à se préoccuper. La pénétration de cette influence par les fleuves birmans, le Salouen et l'Irawaddy, semble, au premier abord, devoir les préoccuper davantage ; mais les vallées de ces cours d'eau prennent naissance dans les hautes montagnes, encore inexplorées, du Thibet et elles traversent, au sortir de la frontière chinoise, une région extrêmement difficile, habitée par les Kakhyens, population belliqueuse et presque toujours en état de révolte, qui garantissent cette frontière contre les entreprises possibles des Anglais. Nous pensons du reste, et de nombreux faits pourraient être invoqués à l'appui de notre opinion, que la pénétration de l'influence anglaise est celle que les Célestes redoutent le moins.

Les hauts fonctionnaires chinois savent, en effet, fort bien que l'activité de la race anglo-saxonne se concentre dans des opérations exclusivement commerciales et que les idées humanitaires d'affranchissement moral et d'égalité civile, dont ils redoutent par-dessus tout l'importation dans leur pays, ne seront jamais des denrées ayant une valeur vénale et, partant, pouvant être introduites en Chine sous pavillon britannique.

La France a pris pied dans la péninsule indo-chinoise. Elle possède la Cochinchine et étend son protectorat sur l'Annam et

sur le Tonkin. La pénétration de l'influence française par la Cochinchine, l'Annam et la vallée du Mé-Kong ne semble pas être
encore redoutée par les Célestes. Ils comptent probablement, pour
en retarder la marche, sur les difficultés de son passage à travers
les tribus laotiennes et surtout sur les obstacles que l'Angleterre
ne peut manquer de lui susciter soit directement, soit, plus vraisemblablement, par l'intermédiaire du roi de Siam. Quant à la
pénétration de cette même influence par le Tonkin, elle est considérée par les castes dirigeantes de la Chine, nous ne saurions
trop le répéter, comme un péril mortel qui menace leurs privilèges et leur existence. Ici, plus de chaînes de montagnes dont
les immenses massifs soient une barrière infranchissable ; plus
de peuplades dont les instincts guerriers et les fières traditions
soient une garantie de l'inviolabilité de leur territoire ; rien que
des mouvements de terrain à peine sensibles, sillonnés de rivières
ou de fleuves arrosant tour à tour les deux pays limitrophes et
dont les nombreux méandres sont parfois coupés par la ligne de
démarcation, artificiellement tracée, des deux pays.

Aussi, la politique hypocrite des Célestes, sur la frontière ton-
kinoise, est-elle facile à démasquer. Ne pouvant utiliser aucune
ligne de défense naturelle pour protéger cette frontière, ils ont
élevé des murailles de marbre ou de granit en travers des vallées
pénétrantes, défendu par de nombreux et solides ouvrages de
fortification les portes ouvertes dans ces murailles et créé une
force active, *la grande piraterie*, qui joue, en avant de ces obstacles matériels, le rôle de protection que remplit la peuplade
des Kakhyens sur la frontière birmane.

En agissant ainsi, les Célestes ne font, du reste, que persévérer
dans la ligne de conduite qu'ils se sont tracée depuis 1873, c'est-
à-dire depuis que l'expédition de Garnier a éveillé leur défiance,
ligne de conduite qui n'avait pas échappé aux premiers combattants du Tonkin, à ceux du moins que des fonctions spéciales
avaient mis à même d'étudier de près les causes de l'intervention
de la Chine dans les affaires de ce pays.

Dans un opuscule écrit en juin 1887 et paru en janvier 1888
dans la *Revue maritime et coloniale*, nous relevons les passages
suivants : « ..... On croit généralement que ce n'est qu'en 1883,
au moment où le marquis de Tseng en fit la déclaration au gou-

vernement français, que les réguliers chinois sont entrés au Tonkin. C'est une grosse erreur. Probablement depuis que l'expédition de Garnier avait donné l'éveil à la Chine, et sûrement depuis 1880, les réguliers chinois occupaient, au moins pendant une partie de l'année, la province de Bac-Ninh pour protéger la portion de leurs frontières que ne défendaient pas les Pavillons-Noirs. Nous avons vu de nos propres yeux, des réguliers chinois, venant de la province de Bac-Ninh, circuler librement en tenue sur le marché d'Hanoï, en 1881, 1882 et 1883..... » « ..... Le Tonkin, par suite des événements est divisé en deux parties bien distinctes. Les Annamites et les Mandarins sont maîtres du Delta, mais les Chinois (Pavillons-Noirs, réguliers ou autres) sont devenus les vrais maîtres des provinces limitrophes de la Chine..... Cette domination est aujourd'hui devenue effective, car nous savons pertinemment que les mandarins chinois ont pris, dans ces provinces, la place des mandarins annamites et qu'ils gouvernent pour leur propre compte. On dit qu'on veut prendre le Tonkin en attaquant l'Annam et Hué ; je crois qu'il vaut mieux chasser d'abord les Chinois..... (Lettre d'un officier du corps expéditionnaire, 4 août 1883). » « ..... Ainsi, quoi qu'on en ait pensé, les Chinois (Pavillons-Noirs et réguliers), étaient bien et ont été, en effet, nos vrais adversaires au Tonkin et les seuls combattants sérieux dans les luttes de 1883 à 1886. On peut se demander quelle est la raison qui les a conduits à intervenir dans nos démêlés avec la cour d'Annam et s'ils ont donné le vrai motif de cette intervention en ressuscitant un droit de suzeraineté resté depuis longtemps lettre morte. Il n'en est rien. Il faut en chercher la vraie raison dans ce fait que, aujourd'hui comme autrefois, la Chine refuse de s'ouvrir à la civilisation de l'Europe, qu'elle a pensé, non sans raison peut-être, qu'en prenant pied au Tonkin nous cherchions une voie pour pénétrer chez elle et qu'elle a envoyé des bandits et des troupes en avant de ses frontières pour nous en interdire l'accès.... »

Les citations précédentes s'appliquent parfaitement à la situation actuelle ; à cette différence près, toutefois, que la signature d'un traité de paix avec la France [1] ayant obligé la Chine à reti-

---

[1] Traité du juin 1885.

rer du Tonkin ses troupes régulières, elles ont été progressivement remplacées par les bandes armées qui constituent la *grande piraterie.*

Les idées que nous venons d'émettre et qui, on a pu le voir, ne datent pas d'aujourd'hui, n'ont malheureusement pas été acceptées par tout le monde et, en particulier, elles n'ont pas été celles de nos hommes d'État.

La généralité d'entre eux n'a pas vu ou n'a pas voulu voir qu'on ne pouvait faire fonds sur l'expérience acquise par la conquête et la pacification de la Cochinchine, où nous n'avions eu affaire qu'aux seuls Annamites, pour conclure aux procédés à employer pour conquérir et pacifier le Tonkin. Elle n'a pas prévu ainsi que, longtemps encore, ce pays serait un champ de luttes sanglantes et elle a oublié plus tard que, dans un pays où la lutte à main armée est l'état normal, il était nécessaire de concentrer tous les droits, tous les pouvoirs et tous les moyens entre les mains de l'autorité militaire.

Cet aveuglement et ce manque de prévoyance étaient, à la grande rigueur, excusables pendant les années 1886 et 1887. Pendant cette période, en effet, le Tonkin a joui d'un calme apparent, calme trompeur, qui cachait, en réalité, la formation des bandes pirates, mais qui pouvait être pris pour le début d'une ère de paix et de tranquillité. A partir de 1888, l'erreur n'était plus permise, et il devenait évident, pour les gens de bonne foi quelque peu clairvoyants, que, si la période de luttes armées pour la conquête était close, la période de luttes armées pour la possession réelle du pays allait s'ouvrir. Aussi, ont-ils assumé une grande responsabilité morale devant le pays, les chefs civils et militaires qui, pour des motifs connus mais difficiles à exprimer, ont caché la véritable situation du Tonkin, consenti à la diminution de l'effectif des troupes régulières et permis ainsi à la piraterie de se développer au point de résister sans désavantage à nos armes et, bientôt peut-être, de nous attaquer.

Nous venons d'examiner la piraterie aux points de vue des entraves qu'elle apporte à la pacification du Tonkin et de la barrière qu'elle est destinée à opposer à nos relations, par voie de terre, avec la Chine. Si l'on songe au rôle qu'elle serait appelée à jouer dans le cas où un conflit européen absorbant l'attention et les ressources de la France, les Célestes voudraient profiter de notre isolement pour tenter de nous expulser du Tonkin, on reste stupéfait de la quiétude des autorités qui ont charge de l'honneur du drapeau aux colonies et, malgré soi, on se prend à penser au lâche abandon, par le gouvernement décrépit de Louis XV, des troupes de Dupleix et de Bussy dans l'Inde, de celles de Montcalm au Canada. Aussi, croyons-nous que la question de ce rôle éventuel de la Piraterie, dans le cas d'un conflit armé avec la Chine coïncidant avec une guerre européenne, mérite une étude spéciale que nous allons aborder.

Une guerre entre des puissances européennes, chacun en est ou devrait en être convaincu, ne sera pas une guerre localisée en Europe. Elle s'étendra vraisemblablement partout où les puissances belligérantes seront en contact, sur mer et dans les colonies. On peut admettre, cependant, que les grands coups seront frappés sur le continent européen et dans la Méditerranée, à moins que le choc n'ait lieu entre l'Angleterre et la Russie, au sujet de la prédominance dans l'Asie centrale de l'une ou de l'autre nation.

Dans ces conditions, il est certain que les puissances engagées dans la lutte concentreront tous leurs moyens d'action sur le théâtre des combats décisifs et, en particulier, que la France laissera, jusqu'à l'issue de ces combats, ses colonies livrées aux seuls moyens de protection dont elles disposent en temps de paix. Agir autrement serait une faute capitale et, à ne considérer que l'Indo-Chine, tout envoi de renforts, au moment d'une déclaration de guerre en Europe, n'aurait probablement d'autres résultats que ceux d'enlever aux armées d'opérations un contingent aguerri et aux flottes nationales un appoint important, pour les destiner l'un et l'autre à une mission à peu près impossible à remplir en temps opportun. Il est à prévoir, en effet, que la navigation rencontrera de grandes difficultés, à cause de la mobilisation des flottes ennemies, dans toutes les mers et surtout dans la Méditerranée et dans le canal de Suez, c'est-à-dire sur la seule route d'Indo-Chine utilisable par nos transports à vapeur, lorsqu'il leur est interdit de se ravitailler aux dépôts de charbons anglais.

Ces prémisses posées et admises, examinons quelles seront les situations réciproques de la Chine et de la France, au Tonkin.

La répression de l'insurrection de Kachgarie par le maréchal Tso-toung-Tang (1877), l'attitude prise par la Chine vis-à-vis de la Russie au sujet de l'occupation du pays de Kouldja (1879-1880) et l'expédition du Tonkin (1883-1885) ont montré que les forces militaires de la Chine n'étaient plus négligeables et que l'armée tartare de 1860, si facilement dispersée à Palikao, avait fait place à des troupes braves, bien commandées et munies d'un armement de valeur comparable à celle de l'armement des armées européennes. Les campagnes de Kachgarie et du Tonkin ont montré, en outre, que l'organisation et la discipline des troupes chinoises leur avaient permis d'exécuter des marches très longues et très pénibles. Il faut conclure de ces faits, qui ont été, pour l'Europe, une révélation inattendue des progrès militaires accomplis par la Chine, que, dans une prochaine guerre, l'empire des Célestes sera capable de développer un effort considérable et de mettre en ligne des troupes nombreuses et parfaitement outillées. Il faut s'attendre, enfin, à voir ces troupes manœuvrer et combattre à l'européenne, d'après les principes que de jeunes officiers chinois, triés sur le volet, viennent puiser en Europe dans les écoles militaires et d'après les méthodes que des instructeurs allemands introduisent dans l'armée chinoise.

Lorsque nous employons les expressions *troupes nombreuses* et *efforts considérables*, notre intention n'est pas de comparer les effectifs exercés dont pourront disposer les Célestes aux effectifs que peuvent mobiliser les grandes puissances européennes. Nous voulons simplement poser en fait que la Chine sera capable de présenter, sur la frontière du Tonkin, des forces aussi redoutables, commme nombre et comme valeur, que celles qui constituaient, en 1884 et en 1885, pendant les opérations sur Lang-Son et le siège de Tuyen-Quan, les armées du Yun-Nan et du Quang-Si, forces qui ont été évaluées à 15,000 hommes pour la première de ces armées et à 25,000 hommes pour la deuxième. Elle le pourra d'autant mieux que, même en supposant un arrêt, depuis la paix de 1885, dans ses progrès militaires, elle sera dégagée, dans une large mesure, de ses inquiétudes sur les autres frontières pendant une guerre européenne, et qu'il lui sera facile de diriger vers le Tonkin des contingents prélevés sur l'armée du Petchili et sur les anciennes troupes du maréchal Tso, dans le Kan-Sou et le Chen-Si.

Nous admettons donc, sans crainte d'erreur, que, dans l'hypothèse où nous nous sommes placé, le gouvernement chinois pourra présenter 50,000 hommes environ, exercés et bien outillés, sur la frontière du Tonkin.

S'il est possible d'évaluer, comme nous venons de le faire, le chiffre minimum des effectifs dont disposera la Chine, il est, au contraire, extrêmement difficile de se rendre compte du temps nécessaire à leur concentration sur la frontière du Tonkin. On sait, à n'en pas douter, que les garnisons des forts chinois du Yun-Nan, du Quang-Si et du Quang-Tong ont été augmentées ; on sait également qu'à certaines époques de l'année il existe de forts rassemblements de réguliers dans des camps d'instruction, aux environs de Long-Tchéou et de Moncay. Mais les renseignements recueillis à des sources diverses sont trop contradictoires pour qu'on puisse indiquer, même approximativement, les effectifs des garnisons permanentes entretenues dans les provinces limitrophes du Tonkin. On peut affirmer toutefois avec certitude que ces effectifs sont supérieurs à ceux que le gouvernement chinois entretenait dans ces mêmes provinces avant d'être inquiété par notre voisinage immédiat. Quant au temps nécessaire aux mouvements de concentration sur les frontières du Yun-Nan, du Quang-Si ou du Quang-Tong des contingents prélevés sur les troupes des provinces du nord, il ne paraît pas pouvoir être indiqué, fût-ce avec une approximation très large. Les documents relatifs aux mouvements de cette nature, exécutés en 1883 et 1884, manquent complètement et ils ne sauraient être remplacés par une étude théorique, faute de renseignements géographiques, topographiques et statistiques sur les provinces intérieures de l'empire chinois. Du reste, la connaissance, même approximative, de la durée de ces mouvements ne nous est pas indispensable pour atteindre le but que nous poursuivons : la détermination du rôle de la piraterie dans le cas d'une aggression des Célestes sur le territoire du Tonkin. Nous admettrons simplement que les voies de communication n'ont pas été modifiées ou améliorées, dans les provinces du centre et du sud-est de la Chine, au point de rendre une concentration des forces disponibles de cette puissance, sur les

frontières de Yun-Nan, du Quang-Si et du Quand-Tong, sensiblement plus rapide qu'en 1883.

En résumé, dans le cas où la Chine se déciderait à nous attaquer au Tonkin au moment d'une guerre européenne, elle
pourrait concentrer sur sa frontière du sud-est au minimum
50,000 hommes de bonnes troupes, bien commandées et bien
armées. De ces 50,000 hommes, une fraction importante — dont
on ne peut préciser le chiffre — tient en permanence garnison
sur cette frontière ; une deuxième fraction est répartie dans les
provinces du centre ou du nord, et la concentration de cette
deuxième fraction sur la première ne peut être sensiblement plus
rapide qu'en 1883.

Lorsqu'on étudie attentivement l'attitude du gouvernement
chinois dans les revendications de territoire qui ont amené la
guerre avec la France au Tonkin et dans celles qui ont failli
provoquer une rupture complète avec la Russie en 1880, on est
frappé de la lenteur des négociations qui ont précédé, ici le
réglement diplomatique de la question, là la notification officielle, faite par l'ambassadeur marquis de Tseng, de l'intervention armée de la Chine. Il faut en chercher les raisons dans ce
fait que la diplomatie chinoise a toujours eu pour objectif de
transporter le théâtre des opérations de guerre hors des frontières de l'Empire et qu'elle a voulu gagner le temps nécessaire à
la concentration des troupes d'opérations sur le territoire reven-
diqué, avant la déclaration des hostilités. Nous savons aujour-
d'hui que, pendant les voyages inexpliqués du marquis de Tseng
dans toutes les chancelleries de l'Europe, les troupes chinoises
s'infiltraient homme par homme, groupe par groupe, dans le
Tonkin et que leur réunion sur le Song-Thuong, sur la rivière
Claire et sur le fleuve Rouge, était un fait accompli en novembre
1883, date de la notification de l'ultimatum du gouvernement
chinois au gouvernement français.

Depuis que le traité de 1885 nous a donné le droit d'installer
des postes militaires à quelques pas de ses portes, la Chine s'est
parfaitement rendu compte de la difficulté qu'elle éprouverait
désormais à masquer, par des négociations habilement traînées
en longueur, la réunion de troupes nombreuses en avant de sa
frontière. Elle a dû même envisager, non sans effroi, la possi-

bilité d'une guerre portée sur son propre territoire et, pour ces motifs, elle a renforcé les garnisons permanentes de ses provinces du sud-est et favorisé de tout son pouvoir la création de bandes pirates, entièrement dévouées à sa cause, qui sont pour elle des avant-gardes et des avant-postes incomparables, établis en tout temps en pays ennemi.

Nous donnerons plus loin, en étudiant le plan de campagne probable de la Chine, des détails sur le rôle particulier qui incombera aux bandes pirates. Il nous suffit, pour le moment, d'avoir déterminé leur rôle général et fixé, en quelque sorte, la situation des forces chinoises en face du Tonkin, situation qui est la suivante :

1° En première ligne et dans le Tonkin même, des bandes pirates formant réseau de sûreté et dont la résistance suffit — comme le démontrent des faits journaliers — pour tenir en échec les troupes françaises, actuellement disponibles pour opérer au Tonkin ;

2° En deuxième ligne, dans les forts de la frontière et les provinces limitrophes du Tonkin, des troupes permanentes — dont les effectifs ne peuvent être précisés — servant de soutien ou de renfort aux bandes pirates ;

3° A l'intérieur de l'empire, des contingents disséminés dont la concentration sur la frontière annamite constituera la réserve des troupes d'opérations.

Après avoir compté un effectif d'environ 25,000 hommes sous le commandement du général de Courcy, le corps d'occupation de l'Annam et du Tonkin a été successivement réduit. A la suite de ces réductions successives, il ne compte plus aujourd'hui, à son effectif budgétaire, que 17,000 hommes environ, se décomposant ainsi qu'il suit :

Troupes de la Marine.

2 régiments d'infanterie à 3 bataillons de 4 compagnies..................	3,200 h.	environ.
6 batteries d'artillerie...............	750 h.	—
1 compagnies d'ouvriers et d'artificiers.	120 h.	—
Total.....	4,070 n.	—

Troupes de la Guerre.

4 bataillons de légion étrangère.......	2,400 h.	environ.
Détachement de pontonniers.........	100 h.	—
Total.....	2,500 h.	—

Troupes indigènes (cadres de la marine).

3 régiments de tirailleurs à 4 bataillons de 4 compagnies.................	9,500 h.	environ
Auxiliaires d'artillerie.............	450 h.	—
Total.....	9,900 h.	—
TOTAL GÉNÉRAL.....	16,500 h.	environ.

Sur ce nombre, environ 500 hommes — 3 compagnies d'infanterie de marine et une batterie d'artillerie — tiennent garnison en Annam, à Hué, à Thuan-An et à Tourane; le reste, soit 16,000 hommes environ, constitue les garnisons de tous les postes du Tonkin et les troupes disponibles pour les opérations actives.

Ce chiffre est celui de l'effectif budgétaire. Il suppose la compagnie d'infanterie de marine à 130 hommes, la compagnie de légion à 150 hommes, la batterie à 130 canonniers et la compagnie indigène à 200 fusils. Or, des statistiques nombreuses ont montré que l'effectif réellement présent et disponible dans les unités était inférieur de $1/10^e$ environ à l'effectif budgétaire. Il en résulte que l'effectif vrai du corps d'occupation du Tonkin proprement dit n'excède pas 14,500 hommes.

Il est assez difficile de préciser quelle est la fraction de ce nombre indispensable à la garde des postes et des places et, par suite, quelle en est la fraction disponible pour opérer activement. Pendant l'hiver 1890-1891, alors que l'effectif réel du corps du Tonkin était de 12,500 hommes environ — y compris un bataillon de 500 hommes prélevé sur le régiment d'infanterie de marine de la Cochinchine — il ne fut possible de réunir que 2,000 hommes environ de troupes différentes pour exécuter successivement les opérations dans le Yen-Thé, contre les bandes du Doc-Ngu et contre la position de Ke-Tuong. En ajoutant à ce chiffre la différence entre l'effectif réel au mois de janvier 1891 et l'effectif réel au mois de décembre de la même année[1], on arrive à fixer le nombre d'hommes disponibles pour tenir la campagne au Tonkin à 4,500 au maximum, à savoir : 4,000 soldats européens ou indigènes d'infanterie, 400 canonniers pouvant servir 4 batteries de 6 pièces et un détachement d'une centaine d'ouvriers, artificiers et pontonniers. Il est nécessaire de remarquer que, pour déterminer ce nombre, nous avons supposé : 1º que le bataillon du régiment de Cochinchine serait maintenu au Tonkin; 2º que le nombre de postes et de places occupés ne serait pas modifié. Il faut remarquer également que les éléments qui le constituent sont loin d'être réunis, qu'ils sont disséminés sur un territoire équivalent, en étendue, aux deux tiers de la France et que leur concentration en un point central — dans le triangle Son-Tay — Hanoï — Bac-Ninh, par exemple — ne demanderait pas moins de quinze ou vingt jours.

La comparaison de nos forces disponibles pour tenir la campagne au Tonkin, avec les effectifs minima que les Célestes pourront mettre en ligne contre nous, sur leurs frontières du sud-est, montre donc l'impossibilité presque absolue dans laquelle nous nous trouverons d'entreprendre l'exécution d'un plan de campagne offensif. Des considérations d'un autre ordre conduisent à la même conclusion.

Un conflit armé entre la France et la Chine au Tonkin, coïncidant avec une guerre européenne, ne peut être voulu que par la Chine. Il est, en effet, de toute évidence que, au moment où l'existence même de la patrie sera en jeu sur le continent européen, l'intérêt bien entendu de la France consistera à éviter toutes complications et toutes difficultés accessoires et à ne pas se préoccuper, pour un temps, du réglement de questions secondaires et relativement peu importantes. Si donc il y a conflit armé, c'est que la France devra le subir malgré elle ou, en d'autres termes, que la Chine aura pris l'initiative de la rupture,

---

1 La différence entre l'effectif réel des forces soumises à l'autorité militaire, au mois de janvier 1891 et au mois de décembre de la même année, provient surtout de ce que M. le gouverneur général de Lanessan a prescrit le versement, dans les trois régiments de tirailleurs tonkinois, d'une partie des gardes civils indigènes, environ 4,500 hommes. Sur ce nombre, nous ne comptons que 2,500 hommes disponibles pour tenir la campagne parce que, en bénéficiant de cette augmentation d'effectif, les troupes régulières ont dû occuper un certain nombre de postes dont la garde civile fournissait les garnisons.

pour profiter d'une occasion qui lui paraîtra favorable, dans le but de dénoncer le traité de 1885 et de déterminer soit l'évacuation du Tonkin par nos troupes, soit, plus vraisemblablement, la création d'un territoire neutre entre sa frontière et la limite de nos pays de protectorat. Dans tous les cas, qu'il s'agisse pour les Célestes d'obtenir l'évacuation du Tonkin ou la reconnaissance d'une zone neutralisée, le but à atteindre les oblige à adopter un plan de campagne offensif.

A quel moment se produira l'agression des Chinois?

Si la piraterie n'existait pas au Tonkin, la réponse à cette question serait simple et nous n'hésitons pas à affirmer que cette agression serait entièrement subordonnée à l'issue de la lutte engagée en Europe, qu'elle n'aurait pas lieu si cette issue nous était favorable et qu'elle ne se produirait pas, dans le cas contraire, avant que les Célestes fussent certains de notre défaite. Ils se borneraient, tout d'abord, à rassembler leurs forces et à préparer leurs moyens d'action, en attendant les événements. Nous ajouterons que la présence de nos troupes, dans les postes ou les places de la frontière, les obligerait à exécuter ce rassemblement et cette préparation avec une extrême prudence et que ces opérations demanderaient peut-être, pour ce motif, plus de temps qu'elles en ont demandé en 1883. Que ces affirmations soient exactes ou erronées, il n'en est pas moins vrai que, si la piraterie n'existait pas au Tonkin, l'éventualité d'une agression brusque de la Chine ne serait pas à craindre; la concentration des troupes chinoises ne pourrait avoir lieu, sur le territoire du Tonkin — grâce à la présence de nos garnisons avancées — par infiltration de groupes armés; cette concentration devrait être exécutée avec prudence et méthode et ainsi nous disposerions d'espace et de temps pour nous préparer à la lutte.

Grâce à la piraterie, la Chine peut nous attaquer brusquement au moment même où elle recevra la nouvelle d'une déclaration de guerre en Europe. Il lui suffira, en effet, de renforcer les bandes, par les contingents permanents de ses provinces frontières et quelques pièces d'artillerie amenées à proximité dès le temps de paix, pour organiser, sur le territoire même du Tonkin, de véritables corps de troupes. Ces corps, composés en majeure partie de soldats aguerris, n'auront plus à se préoccuper de trouver les ressources nécessaires à leur existence et pourront employer leur activité et leur parfaite connaissance du pays à empêcher l'évacuation de nos postes avancés ou le ravitaillement et le renforcement de ces postes, suivant que nous aurons jugé avantageux de les abandonner ou de les conserver.

En résumé, une agression de la Chine au Tonkin peut se produire à deux moments différents, dans le cas où la France participerait à une guerre européenne : 1º au moment où la Chine aura connaissance du commencement des hostilités en Europe; 2º pendant la durée des hostilités ou, plus probablement, à la fin de la guerre, si la France est vaincue.

Nous bornerons à cette conclusion l'examen sommaire du plan de campagne de la Chine. Il nous suffit, pour atteindre le but que nous poursuivons, d'avoir fait ressortir que l'existence de la piraterie permettait aux Célestes de nous attaquer brusquement et d'ajouter, opinion indiscutable, que les bandes pirates constitueront, dans une guerre au Tonkin, des troupes de premier ordre au service du gouvernement chinois.

Le plan de campagne français, en cas de guerre avec la Chine au Tonkin, a été l'objet, au Tonkin même, d'études et de rapports nombreux. L'idée commune à ces divers travaux est la nécessité qui s'impose à nous, étant donnée la faiblesse des moyens dont nous disposerons, d'adopter tout d'abord une attitude générale défensive, ayant pour but de nous laisser le temps d'attendre les résultats de la lutte engagée en Europe. Le point essentiel sur lequel diffèrent les diverses propositions dont il nous a été donné de prendre connaissance consiste dans la manière dont on doit comprendre cette attitude défensive du début des opérations. Pour quelques-uns, il serait indispensable de rappeler, à la première menace d'hostilités, les garnisons des postes, des places et des provinces frontières pour les rassembler dans le Delta ou sur sa lisière, en arrière de la ligne Yen-Baï—Tuyen-Quan—Thaï-Nguyen—Phu-Lang-Thuong—Dong-Trieu; tout au plus admettent-ils la conservation de Lang-Son, à cause de la notoriété qui s'attache au nom de cette place et de l'effet moral déplorable qui résulterait de son abandon. Pour d'autres, et nous n'hésitons pas à nous ranger dans cette catégorie, l'évacuation des postes et des places avancés doit être successive et méthodique, et la concentration, dans un réduit du Delta, ne doit être

que le dernier acte d'une résistance activement exécutée pied à
pied et le résultat forcé d'une campagne vigoureuse et énergiquement conduite. Nous reviendrons peut-être plus tard sur
cette intéressante question. Nous nous bornerons à faire remarquer ici que ces deux manières de comprendre la défense du
Tonkin supposent, l'une et l'autre, que des communications,
dans l'intérieur des régions frontières et entre ces régions et le
Delta, auront pu être établies en temps de paix et qu'elles seront
libres ou, tout au moins, utilisables sans trop grandes difficultés
au moment d'une déclaration de guerre avec la Chine. Il n'est
pas nécessaire d'ajouter de longs commentaires aux considérations que nous avons exposées, en indiquant le plan de campagne probable des Chinois, pour montrer que ces hypothèses,
relatives aux communications, sont irréalisables, tant qu'il existera des bandes pirates organisées qui tiennent la campagne et
qui rendent l'étude et l'exécution de travaux importants ou simplement les relations entre le Delta et les postes avancés extrêmement difficiles, même en temps de paix.

Le premier chapitre de notre étude est terminé. Pour résumer
succinctement les généralités qui y sont exposées, nous dirons :
1° que la grande piraterie est la cause principale, la seule cause
peut-être, de l'impossibilité dans laquelle nous sommes actuellement de progresser au Tonkin ; 2° que son existence constitue
pour nous, dans le cas d'un conflit armé avec la Chine coïncidant
avec une guerre européenne, un danger redoutable, en ce qu'elle
peut compromettre gravement l'exécution ou peut-être même
rendre impossible la préparation des seuls plans de campagne qu'il
nous soit permis de concevoir. Nous en arrivons ainsi à conclure
que la destruction de la piraterie au Tonkin s'impose à nous,
quelques efforts qu'il soit nécessaire de développer dans ce but,
si nous voulons tenter de posséder réellement ce pays et nous en
assurer la possession contre les entreprises probables de la
Chine. *Delenda est Piratica.*

CHAPITRE II.

Il nous a suffi de considérer jusqu'ici la « Piraterie » dans son ensemble pour indiquer, d'une manière générale, les différents rôles qu'elle remplit, ceux qu'elle est appelée à remplir et pour démontrer l'urgence de sa destruction ou de sa suppression. Il ne faudrait pas en conclure qu'elle constitue un tout homogène ou même que les divers éléments qui la composent soient étroitement cimentés. En cas de guerre entre la France et la Chine au Tonkin, ces éléments, obéissant à un mot d'ordre unique donné par le gouvernement chinois, pourront concourir au même but, ils pourront avoir accidentellement, en temps ordinaire, des intérêts connexes qui créeront entre eux des relations momentanées ; mais ils n'en possèdent pas moins chacun une vie propre, des intérêts propres et un régime particulier qu'il est indispensable d'étudier et de connaître, afin d'en déduire logiquement les moyens à employer pour supprimer ou pour détruire les bandes pirates.

On se rendra facilement compte de l'impossibilité où nous nous trouvons de faire une étude de ce genre, pour chacune des innombrables bandes qui exploitent le Tonkin. Ce que nous pouvons toutefois essayer, c'est de classer rationnellement les bandes et de partir d'une telle classification pour tenter de formuler quelques conseils pratiques sur la manière d'opérer contre elles avec une méthode qui nous paraît avoir souvent fait défaut jusqu'à ce jour.

La classification des bandes pirates du Tonkin peut être faite de plusieurs manières, chacune de ces manières correspondant à un des points de vue spéciaux : administratif, géographique, militaire, sous lequel on les envisage. Depuis que le fonctionnement du service des renseignements, méthodiquement organisé pendant les années 1887 et 1888 et rattaché, à l'origine, aux commandements territoriaux, a été enrayé par la suppression, dans le budget de 1890 et des années suivantes, des fonds affectés à ce service, les classifications adoptées ne correspondent plus qu'à des circonscriptions administratives ou à des divisions géographiques conventionnelles et sont ainsi devenues sans grand intérêt au point de vue militaire. On comprend sans peine, en effet, qu'une classification des bandes pirates, par provinces et huyens, puisse être d'une grande utilité lorsqu'il s'agit d'avoir une base, à peu près exacte, pour répartir l'impôt ou évaluer le rendement probable des revenus publics et qu'elle soit inutile pour la préparation ou l'exécution d'opérations militaires qui demandent, indépendamment de la connaissance des effectifs des bandes, des renseignements sur leur armement, leurs points d'appui, leurs repaires et surtout leurs liaisons avec les bandes voisines. Quant à la classification en bandes du Delta, de la région moyenne ou de la haute région, elle correspond à la division en bandes annamites, mixtes ou chinoises et donne ainsi quelques renseignements ethnologiques qui ne sont pas sans valeur au point de vue militaire ; mais, elle laisse complètement dans l'ombre la question des relations entre les diverses bandes. Il est à remarquer, en effet, que dans chacune des trois zones concentriques, Delta, région moyenne, région frontière, prise isolément, les bandes pirates forment des îlots distincts et qu'aucun événement précis n'a encore permis de constater l'existence d'une solidarité quelconque ou simplement de conventions militaires entre les bandes d'une même zone.

La classification qui offrirait le plus d'intérêt au point de vue militaire, serait une classification des bandes dans le sens de la profondeur du Tonkin, par secteurs, du Delta à la frontière chinoise. Dans ce sens seulement, les bandes ont des relations étroites, bien définies, dont il est assez facile de se rendre compte.

Les nombreuses bandes annamites du Delta ou de la lisière du Delta pillent et rançonnent les marchés et les lieux habités. Elles se procurent ainsi argent, denrées, bétail, femmes et enfants. Après avoir prélevé, sur le produit de leurs brigandages, l'argent et les denrées nécessaires à leur subsistance, — il ne faut pas perdre de vue que les pirates annamites ont très souvent une famille qui vit paisiblement dans leurs villages d'origine ou dans les villages dévoués à leur cause, — ces bandes emploient le bétail, les femmes, les enfants et l'excédent des denrées et de l'argent volés, comme moyens de transactions commerciales. Elles les échangent, avec les bandes mixtes de la région moyenne, contre des armes, des munitions et de l'opium apportés de Chine à ces bandes mixtes par les bandes chinoises de la région frontière. A leur tour, les bandes chinoises de la région frontière reçoivent des buffles, des enfants et des femmes en payement de l'opium, des armes et des munitions de guerre importés au Tonkin et elles écoulent, dans les provinces du Yun-Nan, du Quang-Si et du Quang-Ton, du bétail et de la marchandise humaine.

Cet exposé, succinct et pour ainsi dire théorique, des relations commerciales des bandes entre le Delta et la Chine, suffit à faire ressortir l'intérêt, au point de vue militaire, d'une classification en groupes pirates, dans le sens de la profondeur du pays. Une telle classification permettrait, en effet, de déterminer, pour chaque bande de la région moyenne et chaque bande de la région frontière, c'est-à-dire pour chacune des bandes qui constituent la grande piraterie, l'ensemble des renforts qu'une bande pourrait recevoir dans le cas d'opérations entreprises contre elle, les régions d'où elle recevrait ses approvisionnements et la portion de frontière à surveiller pour empêcher son ravitaillement en munitions de guerre. Elle permettrait, en un mot, de préparer, contre une bande déterminée, un plan de campagne rationnel, logiquement déduit de la connaissance du régime particulier de cette bande, et l'autorité militaire ne serait plus obligée d'entreprendre des opérations nasardées, décousues, fatalement vouées à l'insuccès ou, tout au moins, à des résultats nuls ou insignifiants, quelles que soient la bonne volonté et l'énergie dont tous, officiers et soldats, fassent preuve dans l'exécution.

Une expédition, dirigée contre les repaires de la bande pirate de Ba-Ky — au commencement de l'année 1890 — par le commandant du cercle de Thay-Nguyen, eut un contre-coup très sensible dans le cercle de That-Ké, cercle frontière entre Lang-Son et Cao-bang. Le commandant de la région militaire de Lang-Son exprima le regret de n'avoir pas eu connaissance des opérations entreprises et ne craignit pas d'affirmer que, prévenu à temps, il aurait pu harceler les convois du butin évacué, par la bande attaquée, sur la frontière de Chine.

Pendant l'hiver 1890-1891, au moment de procéder aux opérations contre les bandes du Yen-thé, le général commandant la 2e brigade — brigade de Bac-Ninh — avait prescrit, aux commandants des régions militaires de Lang-Son et de Cao-bang, de surveiller la frontière chinoise, entre ces deux points. Il avait demandé, en outre, à l'autorité supérieure, de faire intercepter, par des détachements de gardes civils, les communications entre le Yen-thé et le Delta. Les troupes disponibles des régions de Cao-bang et de Lang-Son exécutèrent leur mission ; elles eurent de nombreux engagements avec les bandes chinoises, de Moxat à Pho-binh-gia, et la faiblesse des effectifs utilisables fut la seule cause du peu d'importance des résultats obtenus. Quant aux détachements de gardes civils, ils ne purent être fournis ni assez forts ni en assez grand nombre pour remplir le rôle qui leur était dévolu, et les bandes du Yen-thé continuèrent à se ravitailler dans les villages de la lisière du Delta, acquis à leur cause.

Il ressort donc de ce qui précède qu'une classification des bandes pirates par secteurs, est rationnelle au point de vue militaire et que, dans l'état actuel des indications que nous possédons sur leurs mœurs et sur leur régime, c'est vers l'établissement d'une classification de cette nature que doivent être dirigés la recherche et le triage des renseignements qui les concernent.

La base de la classification, dans chaque secteur, devrait être la bande mixte de la région moyenne. Si l'on se reporte, en effet, à la description succincte que nous avons faite des relations commerciales des bandes entre elles, on voit que la bande mixte constitue l'organe entrepositaire et que son rôle l'oblige à disposer d'établissements — centres d'échanges, dépôts de butin ou d'approvisionnements — ayant un certain caractère de fixité que viennent augmenter encore des travaux de protection ou de défense, élevés en vue d'une attaque toujours à prévoir. Elle est, en réalité, la cheville ouvrière du système, le centre où aboutissent et d'où rayonnent de nombreux convois de butin, d'opium ou de munitions de guerre, formés et escortés : les uns, par des bandes sans consistance, le plus souvent émiettées dans les villages des confins du Delta, les autres, par de véritables bandes nomades ayant une certaine cohésion, mais ne disposant, sur leurs routes d'étapes, que de gites précaires ou d'abris naturels, véritables tanières, dans des grottes et des anfractuosités de rochers. Elle est enfin appelée, par le rôle même qu'elle joue dans le groupe, à servir de soutien aux bandes subordonnées, et il est ainsi rationnel de la prendre comme base de la classification des bandes du groupe auquel elle pourra donner son nom.

Nous n'avons examiné jusqu'ici que le cas, le plus général dans la réalité, où les trois espèces de bandes — annamites, mixtes et chinoises — existeraient simultanément dans le secteur exploité. Il pourra arriver qu'une ou que les deux espèces de bandes subordonnées n'existent pas dans le système, soit que l'élément annamite de la bande mixte ait la mission d'exécuter périodiquement des incursions dans les villages ou les marchés du Delta, soit que l'élément chinois de cette même bande fournisse, au moment opportun, les escortes des convois de butin dirigés vers la frontière chinoise, soit enfin que la bande mixte forme à elle seule un système complet avec les deux éléments différents qui la composent. Ces exceptions très rares peuvent être considérées comme des cas particuliers de la règle générale, et nous sommes ainsi fondé à admettre que le mode de classification par secteurs dont nous proposons l'adoption pour les bandes pirates du Tonkin, est toujours applicable.

Nous nous hâtons de dire qu'il n'est pas complètement de notre invention et que, jusqu'à la fin de l'année 1889, une carte et un index des bandes pirates, établis à peu de chose près conformément aux idées qui précèdent, étaient tenus à jour dans les états-majors des brigades et à l'état-major des troupes de l'Indo-Chine. A dater du 1er janvier 1890, le crédit inscrit au budget local — au titre du « Service des Renseignements » — ayant été supprimé par M. le gouverneur général Piquet, le fonctionnement régulier de ce service devint très difficile. Il fut rendu à peu près impossible par la défense faite aux divers commandants territoriaux d'interroger directement les fonctionnaires annamites et de les inviter à fournir des émissaires ou des espions. Comme conséquence de cette défense, toute demande de renseignements intéressant les opérations militaires, dut être adressée aux résidents civils des provinces.

Cette mesure — dont le but réel, sous le masque d'une économie réalisée, était de bien montrer aux fonctionnaires indigènes la subordination des chefs militaires aux administrateurs civils — ne tarda pas à porter des fruits détestables. Plus de renseignements opportuns, plus même de renseignements utilisables par les commandants militaires; rien que des statistiques administratives sans liaisons de provinces à provinces et remplies de lacunes sur les portions de territoire au pouvoir des bandes, portions de territoire qui étaient le théâtre tout indiqué des opérations de nos colonnes. On pourrait citer cent exemples de déplacements de troupes — effectués à la suite de renseignements fournis par les autorités civiles — dont l'arrivée, sur les points indiqués comme occupés ou pillés par les bandes, faisait songer à celle des militaires de l'opéra-bouffe, à cette différence près, toutefois, que ces inutiles sorties, préparées en grande hâte et entreprises à toute heure du jour ou de la nuit, avaient souvent pour unique et triste résultat d'occasionner la mort subite, par insolation ou accès pernicieux, de braves soldats capables d'exécuter le service de garnison, mais que l'état de leur santé rendait inaptes à supporter des marches forcées et des fatigues extraordinaires, soldats qui, mûs par un sentiment d'amour-propre très compréhensible, n'osaient se déclarer malades au moment d'un brusque départ en expédition.

Lorsque le général commandant la 2ᵉ brigade crut devoir préparer — dans le courant de l'été de l'année 1890 — une expédition contre les bandes du Yen-thé, il adressa des demandes de renseignements précisés au résident de la province de Bac-Ninh. Ce fonctionnaire s'empressa de remplir — avec une bonne volonté manifeste et aussi ponctuellement qu'il était en son pouvoir de le faire — le questionnaire qui lui était soumis. Mais, la région exploitée par les bandes appartenant à la fois aux résidences de Bac-Ninh et de Thaï-Nguyen et à la vice-résidence de Luc-Nam. il déclara ne pouvoir répondre aux questions posées qu'autant qu'elles concernaient la portion de territoire soumise à son administration. Il fallut donc s'adresser au résident de la province de Thaï-Nguyen et au vice-résident de la province de Luc-Nam. Ces administrateurs ne purent donner que des indications très vagues sur un pays très éloigné du chef-lieu de leurs résidences, indications sans liaisons entre elles et dont l'état-major de la brigade ne réussit pas à former un tout capable de devenir la base d'un plan bien assis. Aussi les opérations se ressentirent-elles, dans leur ensemble, de l'insuffisance des renseignements recueillis et fallut-il près de deux mois pour arriver — après de nombreuses et pénibles reconnaissances forcément dirigées un peu au hasard — à découvrir le fort de Hu-Thué, principal repaire des bandes du Yen-thé, que celles-ci, se sentant menacées, avaient pu fortifier de manière à défier toute attaque de vive force.

En résumé, le premier travail à faire en vue de préparer la destruction ou la suppression des bandes pirates au Tonkin, consiste à classer méthodiquement les bandes d'après leurs relations permanentes, du Delta à la frontière de Chine, en prenant pour bases de la classification les bandes mixtes de la région moyenne. Afin d'arriver à ce résultat, il est indispensable de rétablir, au budget de la colonie, un crédit spécial pour le « Service des Renseignements », service dont l'exécution devra être hiérarchiquement organisée et confiée aux commandants militaires territoriaux. A cette condition seulement, l'autorité militaire disposera d'éléments d'information utilisables pour préparer un plan d'ensemble de la pacification du Tonkin et des plans particuliers pour arriver à la suppression ou à la destruction successive de chaque groupe de bandes.

Nous ne croyons pas qu'un plan d'ensemble pour la pacification du Tonkin ait jamais été fait ou même ébauché. Un tel plan peut cependant être la seule base raisonnable d'un programme de colonisation dans lequel les budgets annuels seront prévus et établis avec quelque précision. Seul, il permettra de déterminer logiquement les effectifs militaires à entretenir, les établissements provisoires ou permanents à créer, successivement ou simultanément, et les travaux de communications à entreprendre, avec leur degré d'importance ou d'urgence. Quelles que soient les dépenses que son exécution nécessite, elles différeront des dépenses faites jusqu'à ce jour ou actuellement engagées en ce que, le but auquel elles tendront étant apparent, leur concentration progressive vers ce but sera une garantie morale de leur fructueux emploi. Il n'est personne qui conteste l'utilité d'un tel programme et qui n'en reconnaisse même l'impérieuse nécessité pour un pays voué aux changements périodiques d'administrateurs, de chefs militaires et de fonctionnaires civils de tout ordre. Cependant, on vit dans ce pays au jour le jour ; on gaspille, en de nombreux travaux provisoires, ses ressources, celles de la Cochinchine, et l'on creuse des déficits qui nécessitent l'intervention imprévue des secours de la métropole, alors qu'il ne paraît nullement impossible d'établir un plan d'ensemble dont l'exécution puisse être poursuivie, indépendamment des changements fréquents dans le personnel civil ou militaire de la colonie. Ne pourrait-on pas essayer d'instituer au Tonkin, pour l'élaboration de ce plan d'ensemble, une commission temporaire dont les attributions et la composition seraient basées sur les attributions et la composition du conseil supérieur de la guerre et du comité mixte des travaux publics ? Ne pourrait-on pas soumettre les propositions de cette commission au ministre ou au sous-secrétaire d'État des colonies et, après approbation du sous-secrétaire d'État ou du ministre, en imposer dans ses lignes essentielles l'exécution aux gouverneurs militaires ou civils ?

Nous nous bornerons à poser ces questions sans les résoudre. Elles excèdent notre compétence, et il nous suffit, pour poursuivre notre étude, d'avoir posé en fait que la nécessité d'un plan de pacification s'impose pour le Tonkin, que ce plan doit être basé sur une action militaire méthodique et que celle-ci ne peut elle-même être basée que sur la connaissance et une classification rationnelle des bandes pirates.

Étant donné l'état actuel de l'organisation des bandes du Tonkin, tel que nous le connaissons et tel que nous l'avons décrit, il nous semble que le plan général des opérations à entreprendre contre elles devrait être assis justement sur leur division en groupes distincts et non solidaires entre eux — chaque groupe étant formé d'une bande mixte et des bandes annamites et chinoises subordonnées, — division qu'il conviendrait tout d'abord de préciser par des renseignements à recueillir ou à compléter. En second lieu, l'étude de la question devrait avoir pour objet de rechercher s'il convient d'opérer isolément contre chaque groupe de bandes ou simultanément contre plusieurs groupes et l'ordre dans lequel ces opérations devraient être entreprises, en les classant, autant que possible, en campagnes annuelles. On se trouverait ainsi conduit à aborder la détermination approximative des effectifs dont devrait disposer le commandement, effectifs actuellement très insuffisants, ainsi que le prouvent des faits journaliers. Car, il ne faut pas se le dissimuler et il est honnête de le proclamer bien haut, la guerre que nous poursuivons au Tonkin, avec les effectifs actuels, est une guerre au rabais que tous, officiers, sous-officiers et soldats font par devoir et uniquement par devoir, dont les épisodes malheureux sont travestis ou tenus sous silence, dont la responsabilité pèse lourdement à ceux qui la dirigent sur place et ne semble légère qu'aux intrigants ou aux ambitieux qui ne voient dans les fonctions dont ils sont chargés qu'une étape vers des fonctions plus élevées ou plus lucratives.

En outre des points — classification des bandes, ordre des opérations, fixation de l'effectif des troupes — que nous avons indiqués comme devant être successivement étudiés dans un plan général d'opérations militaires contre la piraterie, il conviendra d'étudier parallèlement, au moins dans ses grandes lignes, un plan d'opérations, en cas de guerre avec la Chine, basé sur les effectifs à entretenir normalement au Tonkin[1]. La comparaison des deux plans d'opérations permettra de déterminer les régions ou les positions qu'il sera utile d'organiser d'une manière permanente et celles qui paraîtront ne nécessiter qu'une organisation temporaire; elle indiquera, de plus, les voies de communication importantes qu'il est nécessaire de créer ou d'améliorer, en vue de l'exécution de l'un des deux ou bien de l'un et l'autre plans, et elle sera ainsi la base d'un programme de travaux de défense, indispensables à prévoir et dont l'exécution devra suivre, pas à pas, les progrès de la pacification.

Enfin, les plans généraux des opérations militaires contre la piraterie et de la défense du Tonkin devraient être complétés par un aperçu de l'importance des ressources financières nécessaires à leur exécution et dont le chiffre approximatif pourrait servir de base, au point de vue des dépenses militaires, à l'établissement des budgets successifs et à l'évaluation des secours à demander à la métropole ou des emprunts à prévoir.

---

[1] Nous avons dit plus haut qu'il n'existait pas, à notre connaissance, de plan d'opérations contre les bandes pirates; il n'en est pas de même en ce qui concerne le plan d'opérations et le programme de défense, en cas de guerre avec la Chine. Ce programme et ce plan ont été étudiés et ont fait l'objet de rapports et de discussions, instructifs et intéressants, qui pourraient servir de points de départ pour des propositions définitives.

La connaissance d'un certain nombre de faits généraux et indéniables, connus de tous, nous a permis d'indiquer les différents rôles que la piraterie joue ou est appelée à jouer au Tonkin et de déterminer les bases d'un plan général d'opérations contre les bandes. Avant d'entrer plus avant dans la question et de donner notre opinion sur la manière d'opérer contre un groupe pirate ou contre un ensemble de groupes pirates bien déterminé, il nous paraît nécessaire de présenter quelques considérations générales destinées à dissiper toute équivoque entre nous et ceux qui nous feront l'honneur de lire notre étude et de discuter nos opinions.

L'art de faire la guerre est basé sur quelques règles fixes, très peu nombreuses, indépendantes des époques et des milieux, et qui constituent un corps de doctrine immuable. Ces règles portent le nom de « principes ». La manière de faire la guerre contre un ennemi ou dans des régions déterminés ne doit jamais s'écarter de ces règles premières, sous peine d'être vouée d'avance à l'insuccès ; mais elle doit également prendre une forme originale qui est constituée, dans chaque cas particulier, par un ensemble de procédés spéciaux qui portent le nom de « tactique spéciale à telle guerre » ou de « tactique contre tel ennemi ». De nombreux auteurs ont ainsi donné leurs opinions sur la guerre en pays de montagne, — soit en Suisse, soit dans les Alpes, soit dans le Tyrol, — et des généraux comme Bugeaud et le prince Frédéric-Charles ont écrit : le premier, sur la manière de faire la guerre contre les Arabes, le deuxième, sur la manière de battre les Français. Il faut entendre par là que les auteurs ou les généraux dont nous venons de parler ont voulu, non pas indiquer des règles précises et poser des principes, mais bien donner, sur des cas particuliers, des conseils pratiques, déduits de leur expérience, que le temps pouvait modifier ou même rendre inutiles et dangereux si les conditions auxquelles ils s'appliquaient venaient elles-mêmes à se modifier plus ou moins profondément.

« On distingue, dans tout acte réel de guerre, deux éléments : 1º les principes qui président à l'emploi des forces ; 2º le mode d'action de ces forces. Le premier élément est immuable par son essence même ; c'est celui que Napoléon a puisé dans l'étude des campagnes d'Alexandre, de César, de Turenne, de Frédéric, et

que les généraux allemands ont appris à l'école de Napoléon
et dans les écrits de Clausewitz. Le second est éminemment
variable, parce qu'il dépend d'engins perfectibles et changeants,
des conditions locales, de l'état moral ou physique des hommes
qui n'est pas uniforme suivant les pays, les époques et les circonstances[1]. »

C'est ce second élément « le mode d'action des forces », que
nous nous proposons d'étudier, en ce qui concerne la lutte contre
les bandes pirates du Tonkin, après avoir bien spécifié que nous
n'avons pas l'intention de donner un cliché ou d'indiquer une
martingale, mais simplement d'exposer, sur la manière d'opérer
contre ces bandes, une opinion basée sur une expérience déjà
longue de la guerre au Tonkin et des mœurs militaires des
« pirates ».

La guerre au Tonkin est caractérisée par deux faits constants,
tenant l'un à la nature du pays, l'autre à la tactique des bandes
pirates. Le fait tenant à la nature du pays consiste en ce que,
soit dans le Delta, soit dans la haute région, les seules parties de
terrain praticables aux troupes sont constituées par des sentiers
ou par des digues formant des défilés continus. Les digues et les
sentiers du Delta offrent cette particularité que leurs flancs, con-
stitués par des rizières d'où émergent çà et là des villages[2],

---

[1] *A propos des Manœuvres d'automne* (*Journal des sciences militaires*, sep-
tembre 1889).

[2] Les villages du Delta sont tous semblables, aux dimensions près. Quelle
que soit leur importance, ils sont complètement entourés par une levée de
terre, consolidée par une plantation de bambous épineux dont les tiges, presque
jointives et les branches enchevêtrées, forment un obstacle unique en son
genre. Debout, ces haies de bambous sont une barrière infranchissable ; ren-
versées, elles constituent un inextricable fouillis de tiges épineuses. Chaque
village forme ainsi, dans la rizière, un îlot fortifié. La ceinture de protection
du village n'a généralement qu'une entrée et une sortie confuses, donnant à
peine passage à un homme, munies d'une porte en bois, souvent suivie d'une
deuxième, à quelques mètres en arrière. Entre les deux portes se trouve un
poste de gardiens, destiné à abriter les hommes de veille chargés de donner
l'alarme en cas d'irruption de pirates.
Cette véritable forteresse n'est jamais traversée par un chemin banal ; elle
en est, au contraire, séparée par une large bande de rizière. On n'accède à la
porte d'entrée qu'après avoir contourné la lisière du village sur un mauvais
sentier, qui la précède immédiatement, et le sentier de sortie contourne également la ceinture de bambous, avant de rejoindre la route ou la digue principale. L'intérieur des villages est, d'autre part, un vrai labyrinthe ; de même

peuvent être surveillés, à la vue, dans les intervalles des villages, tandis que les sentiers de la haute région, — tracés dans d'étroits thalwegs ou dans des forêts impénétrables et suivant parfois des lits de torrents encombrés de roches, — sont de véritables couloirs sans vues latérales. Si nous laissons de côté les particularités qui différencient les défilés dans les deux régions du Tonkin, nous sommes amené à conclure de ce qui précède que les déploiements n'y sont qu'exceptionnellement possibles et que, par suite, les opérations de colonnes uniques ne sauraient être que des cas particuliers limités à l'exécution de surprises ou de coups de main, c'est-à-dire d'opérations de guerre ne nécessitant pas de manœuvres proprement dites. La conclusion qui précède nous conduit donc, tout naturellement, à préconiser l'emploi de colonnes multiples et sans liaisons tactiques, procédé de guerre généralement réprouvé et considéré comme extrêmement dangereux, en ce qu'il permet à l'adversaire d'exécuter une manœuvre devenue classique et connue sous le nom de « manœuvre en lignes intérieures ».

Mais, il faut remarquer que cette manœuvre demande, de la part de celui qui l'exécute : 1° la volonté d'entreprendre des mouvements très hardiment offensifs, et 2° la possibilité d'employer à son exécution des forces suffisantes pour lutter, avec chances de succès, contre chacune des colonnes de l'ennemi prise isolément. Or, le deuxième fait constant, caractéristique de la guerre au Tonkin et tenant à la tactique actuelle des bandes pirates, consiste en ce que ces bandes ne pratiquent pas l'offensive et se contentent, le plus souvent, de défendre des positions organisées ou de tendre des embuscades. Nous sommes donc en droit de dire — étant données les mœurs militaires actuelles des pirates — que, à la condition de fixer judicieusement la composition et l'effectif de chaque colonne, le procédé des colonnes multiples peut et doit être employé au Tonkin, de préférence au procédé de fortes colonnes uniques dont nous avons montré plus haut l'inutilisation.

---

que le village se protège contre le village voisin, l'habitation se protège contre l'habitation voisine. Elle est, à son tour, entourée d'une haie vive en bambous, et l'on n'y accède que par une ouverture soigneusement dissimulée et barricadée la nuit. (« *Le Tonkin en 1883* », *Revue maritime et coloniale*, janvier 1888.)

Nous indiquerons plus loin sur quelles bases peut être établie la composition de chacune des colonnes; pour l'instant, nous allons essayer de réfuter — en ne visant que le cas spécial de la guerre au Tonkin — une objection souvent faite par les adversaires de l'emploi des colonnes multiples, objection qui paraît de prime abord irréfutable et qui semble pouvoir être étayée sur des faits réels.

Cette objection a trait à la grande difficulté de régler les mouvements des différentes colonnes pour les amener, à point nommé et simultanément, sur l'objectif. Il est certain qu'en pays très coupé et très couvert où chaque colonne, une fois mise en mouvement, se meut comme si elle était isolée, les marches sur un objectif commun ne sauraient être réglées au jour le jour, ni même, dans leur durée totale, avec une précision absolue. Mais il ne faut pas oublier que les colonnes ont affaire le plus souvent, dans le cas qui nous occupe, à un ennemi immobile ou immobilisé sur une position et que cette altitude permet de donner à l'ensemble des marches une durée basée sur le temps, largement calculé, que la colonne la plus lourde ou celle qui parcourt le plus mauvais terrain doit mettre à atteindre l'objectif. En outre, il est possible et il sera prudent de prescrire à toutes les colonnes une même journée d'arrêt précédant immédiatement le jour de la rencontre probable, en leur fixant une distance *minima* de la position présumée de l'ennemi, qu'elles ne devront pas dépasser, à moins de circonstances exceptionnelles, laissées à l'initiative des commandants de colonnes sous leur entière responsabilité. Les colonnes qui auront atteint leurs emplacements, dans la limite de temps prévue, pourront exécuter, pendant cette journée, des travaux sommaires pour se constituer une position de repli, en cas d'insuccès, et celles dont la marche aurait été entravée par des accidents imprévus continueront leur mouvement pour prendre part à l'attaque à la date fixée. Enfin, des moyens auxiliaires de correspondance — pigeons voyageurs, feux de nuit, fusées — pourront parfois être utilisés pour faire connaître aux postes munis de colombiers militaires, puis aux colonnes elles-mêmes, si les mouvements s'effectuent normalement ou bien s'ils subissent des retards extraordinaires.

En indiquant quelques moyens qui nous semblent propres à amener la convergence, en temps opportun, des efforts de plu-

sieurs colonnes destinées à concourir au même but, nous n'avons
pas eu la prétention de donner une recette infaillible pour assurer
la liaison constante de ces colonnes; nous avons voulu simplement montrer que le fait d'avoir à lutter contre un ennemi immobile ou immobilisé rend possible une manœuvre, justement
réputée comme très dangereuse en face d'un adversaire hardi et
manœuvrier. Quant aux actions de guerre qui, au Tonkin même,
sembleraient donner tort à notre opinion, on nous permettra de
les récuser d'une manière générale et de ne les accepter, comme
arguments sérieux, qu'autant qu'il nous sera démontré que leur
insuccès n'est pas imputable soit à une préparation défectueuse
des marches à exécuter, soit à l'impatience ou à l'ardeur intem-
pestive de certains commandants de colonnes. En attendant cette
démonstration, nous continuerons à croire, avec une foi inébran-
lable, et à affirmer que les opérations contre un groupe pirate ou
un ensemble de groupes pirates déterminé peuvent dans la très
grande majorité des cas et doivent souvent être exécutées en
plusieurs colonnes.

Le nombre et l'organisation des colonnes sont les deux points
principaux à étudier dans la préparation des opérations de cette
nature. Ils sont connexes et doivent être examinés parallèlement
dans chaque cas particulier. Les bases de cet examen sont : 1° le
nombre des voies de communication utilisables, leur valeur tactique, leur praticabilité; 2° les effectifs disponibles; 3° la force
présumée ou connue de l'adversaire à combattre.

1° Le nombre des voies de communications utilisables don-
nera le nombre théorique des colonnes à former et leurs points
spéciaux de concentration; la valeur tactique et le degré de praticabilité de ces voies serviront de points de départ pour la détermination de l'importance relative à attribuer à chacune des
colonnes. Nous rappellerons, à ce sujet, qu'en pays de montagnes
les chemins ou les sentiers de crêtes sont les vraies directions
d'attaque, qu'ils permettent d'éviter les surprises de flanc rapprochées, si fréquentes au Tonkin, et qu'ils conduisent aux têtes
de vallées. Si l'on rapproche cette dernière observation de ce fait
que les bandes pirates établissent généralement leurs repaires
dans les vallées, dont elles barricadent systématiquement la partie
inférieure par rapport à ces repaires, on voit que l'utilisation des
chemins de crêtes, puis des chemins descendant les vallées, per-

mettra souvent de tourner les défenses avancées des ouvrages principaux et d'aborder ces ouvrages en les dominant. Pendant l'année 1890, le général commandant la 2e brigade, ayant prescrit une opération contre les bandes du Nui-da-Bô, cercle de Lam, donna au commandant de l'opération des instructions d'après lesquelles le repaire de Déo-Gia devait être attaqué en deux colonnes. L'une des colonnes, abordant la vallée de Déo-Gia par son débouché dans celle du Loch-Nam, devait menacer l'ennemi en remontant la vallée ; la deuxième avait pour mission de suivre la crête du Nui-da-Bo jusqu'à la naissance de la vallée de Déo-Gia, puis de descendre cette vallée et d'attaquer ainsi la position pirate à revers. Cette dernière colonne exécuta parfaitement sa mission, put atteindre le repaire sans avoir rencontré d'obstacle sur sa route et en délogea les pirates après un combat de peu de durée.

2o Les effectifs disponibles permettront d'évaluer les forces relatives à attribuer à chacune des colonnes; mais, il ne faudra pas oublier que chaque colonne devra avoir un minimum de forces dépendant du troisième élément à considérer : la force présumée ou connue de l'adversaire à combattre. Les différentes colonnes, en effet, auront diverses missions à remplir : les unes seront dirigées sur les lignes de retraite de la bande, d'autres auront à attaquer cette bande dans une direction déterminée, pour la maintenir sur ou dans la position qu'elle occupe, d'autres, enfin, devront attaquer l'ennemi avec la dernière vigueur, pour s'emparer de la position qu'il défend ; chacune devra être capable de le tenir en échec pour le cas, improbable mais possible, où elle serait elle-même attaquée. Il résulte de cette dernière remarque que le minimum de forces à attribuer à une colonne quelconque doit lui permettre, non pas d'attaquer l'adversaire, mais de le tenir en échec si elle est elle-même attaquée, et que c'est sur ce minimum et sur le rôle qu'elle est appelée à remplir que devra être basée son organisation.

En résumé, au moment de préparer une opération contre un groupe ou un ensemble de groupes pirates déterminé, l'autorité militaire devra posséder, en totalité ou en partie et avec un degré de précision plus ou moins grand, des renseignements sur les points suivants :

1o Organisation et force du groupe ;

2° Positions fortifiées du groupe ;

3° Voies de communication aboutissant aux positions fortifiées du groupe ;

4° Effectifs disponibles pour l'opération contre le groupe.

Elle déterminera, tout d'abord, le nombre d'objectifs différents, successifs ou simultanés, que comporte l'opération.

Elle déterminera, en second lieu, le nombre des colonnes et l'organisation de chaque colonne pour l'opération contre chacun des objectifs étudiée isolément.

Cette première partie de l'étude et le chiffre des effectifs disponibles permettront de décider, après discussion raisonnée, s'il y a lieu d'attaquer successivement les objectifs ou simultanément deux ou plusieurs positions du groupe et l'ordre dans lequel devront avoir lieu les attaques partielles ou l'opération d'ensemble.

L'autorité militaire déterminera ensuite, pour chaque opération distincte, les points de concentration des colonnes et elle procédera enfin à l'étude détaillée de leurs mouvements.

Il est de toute évidence que l'expression « déterminer », que nous employons, n'a ici qu'une signification relative et que la précision de l'étude des différentes parties du plan d'opérations sera proportionnée au degré de confiance que paraîtront mériter les renseignements recueillis sur le groupe pirate et la région qu'il occupe.

Nous avons limité notre discussion sur la possibilité et la préparation d'une opération en plusieurs colonnes, aux points spéciaux à cette manière d'opérer. A l'examen de ces points spéciaux devra se joindre celui des questions diverses — ravitaillements, évacuations, etc... — qui font partie de toute étude de plan d'opérations. Parmi ces questions, celle de la base d'opérations à attribuer à chaque colonne nous semble mériter une attention particulière.

La base d'opérations de chaque colonne sera généralement un poste, existant ou créé à proximité de la voie de communication que devra suivre la colonne ou sur cette voie même. Il pourra arriver cependant que ce poste se trouve très éloigné de l'objectif, et que, par suite de cet éloignement, il y ait lieu de craindre un service de transports et d'escortes très pénible pour l'exécution du ravitaillement et des évacuations. Dans ce cas, il faudra prévoir la construction de distance en distance, dans des localités ou sur des points convenablement choisis, de relais fortifiés qui joueront le rôle de bases secondaires pour la colonne. On trouvera à ce procédé les avantages de diminuer la force des escortes nécessaires aux convois et de pouvoir utiliser à ce service les hommes momentanément incapables de supporter les fatigues exceptionnelles d'une guerre qui exige une somme considérable d'efforts physiques et moraux.

Nous avons tacitement admis, dans l'étude qui précède, que les effectifs disponibles seraient au moins suffisants pour permettre l'organisation convenable de toutes les colonnes jugées utiles pour opérer successivement contre chaque objectif. S'il n'en était pas ainsi et si l'autorité militaire se croyait obligée d'entreprendre une opération sans disposer de tous les moyens nécessaires pour obtenir un résultat décisif — ce que nous avons appelé plus haut une opération au rabais — il y aura lieu de donner aux colonnes les plus importantes les effectifs imposés par le rôle qu'elles devront remplir et de remplacer les colonnes moins importantes, notamment celles qui auraient eu à prendre et à conserver une attitude relativement passive, par des postes provisoires judicieusement fortifiés et ne demandant qu'une faible garnison. A moins de circonstances exceptionnellement favorables, ces postes ne remplaceront pas des forces actives; ils pourront cependant avoir quelque utilité, en particulier pour la surveillance des lignes de retraite ou de ravitaillement de l'ennemi. Nous ne pouvons nous empêcher de faire remarquer, à ce sujet, que cette manière d'opérer — combinaison de postes et de colonnes — n'est autre que le procédé de guerre indiqué par M. de Lanessan, dans le rapport adressé au sous-secrétaire d'Etat en janvier 1892, comme ayant été inventé de toutes pièces depuis sa prise de possession du gouvernement de l'Indo-Chine. Son emploi dans les opérations de la région de Dong-Trieu, contre les bandes de Luu-Ky, montre tout simplement que l'autorité militaire, disposant d'effectifs plus nombreux que ceux dont elle disposait en 1890 et 1891, a pu concevoir un plan rationnel mais qu'elle n'a pas encore les forces nécessaires pour opérer avec des colonnes assez nombreuses, capables d'agir sur l'ennemi par efforts convergents et d'obtenir ainsi des résultats décisifs.

Dans les pages qui précèdent, nous avons exposé la manière de préparer une opération, sur plusieurs colonnes, contre une bande pirate ou contre un groupe de bandes pirates déterminé jusqu'au moment où les colonnes qui participent à cette opération, arrivées à une marche des repaires ou des ouvrages supposés de l'ennemi, prennent une journée de repos tout en organisant des positions de repli et en se préparant à remplir chacune le rôle spécial qui lui incombe.

Au fur et à mesure de leur progression vers l'objectif commun, les colonnes se seront forcément rapprochées les unes des autres, et il aura peut-être été possible à un certain nombre d'entre elles de se mettre en relations.

Quoi qu'il en soit, elles reprendront leur marche en avant le lendemain de la journée de repos et elles arriveront au contact de l'ennemi.

Cette prise de contact ne s'effectuera pas, dans la plupart des cas, sans donner lieu à des engagements divers qui, tant à cause de la nature du pays que de la tactique des bandes, débuteront le plus souvent par des surprises. Ici, une colonne, cheminant en forêt sans vues latérales et dans l'impossibilité de surveiller ou de protéger ses flancs, tombera dans une embuscade habilement tendue et depuis longtemps préparée. Là, une deuxième colonne se heurtera, à l'improviste, contre un ouvrage invisible, établi sous bois, dont les défenseurs n'ouvriront le feu qu'à bout portant et qui sera garanti, contre toute tentative d'attaque de vive force, par une série de défenses accessoires et de travaux de terrassement judicieusement échelonnés.

Bien moins encore que lorsqu'il s'est agi des travaux de préparation de l'opération à entreprendre, nous croyons pouvoir donner des règles précises sur la conduite à tenir pour reconnaître l'ennemi et pour le combattre.

Nous pensons, toutefois, que les commandants de colonnes et les directeurs d'opérations pourront utilement s'inspirer des conseils qui suivent, conseils qui ne sont que la synthèse de nombreux faits d'expérience :

1° Procéder sans précipitation pendant la période de recherche du contact de l'ennemi ; se bien convaincre que la prise de contact est la phase la plus meurtrière de la lutte, mais que, si les troupes prennent racine sur le terrain occupé ou conquis, nous entendons par là sur la position militaire la plus rapprochée des ouvrages ennemis, le résultat définitif de l'opération les récompensera de leur ténacité.

2° Si les rencontres, amenées par la recherche du contact, n'ont pas conduit à une solution décisive, considérer ces rencontres comme ayant eu pour effet de déterminer une base d'opérations rapprochée à partir de laquelle il devient possible d'établir des liaisons entre les diverses colonnes d'attaque, de faire concorder leurs efforts, d'exécuter un programme de cheminements et d'installation de pièces d'artillerie et d'arriver ainsi, lentement peut-être mais sûrement, au but poursuivi, sans efforts et sans pertes disproportionnées au résultat à atteindre.

3° Dans l'exécution des cheminements, éviter les travaux inutiles et, notamment, les mouvements de terre ; utiliser de préférence, pour la construction des points d'appui, les bois provenant des débroussaillements ; par-dessus tout, suivre les crêtes qui, comme nous l'avons déjà dit, permettent d'éviter les embuscades et les surprises de flanc et qui donnent, en outre, la possibilité de découvrir et de repérer les ouvrages de l'ennemi, soit directement soit au moyen d'observatoires artificiels, et de placer les pièces d'artillerie sur des positions dominantes.

4° S'attendre aux surprises et, pour en éviter ou en limiter les effets, fixer chaque jour et plusieurs fois par jour, si c'est nécessaire, des points de ralliement bien connus et indiqués par des signes très apparents.

Nous terminerons ici notre étude. Toutefois, avant de poser la plume, nous croyons devoir exprimer notre opinion au sujet du procédé de suppression des bandes par acceptation de la soumission de certains chefs, procédé employé vis-à-vis de Luam-Tam-Ky, en 1890, et qui, au dire des journaux et des rapports officiels provenant du Tonkin, pourrait être prochainement utilisé vis-à-vis des chefs Ba-Ky et Luu-Ky.

Nous avons signalé, en nous occupant du régime des bandes, que les bandes de la région moyenne possédaient des établissements fixes. Ces établissements sont généralement situés dans des régions ou à proximité de régions susceptibles d'exploitation et qui sont, en effet, exploitées soit par les pirates eux-mêmes, soit par des indigènes, habitants de villages payant tribut aux chefs de bande. Elles constituent ainsi de véritables domaines féodaux, dont les chefs pirates sont les seigneurs reconnus. « On a comparé, non sans quelque justesse, tous ces chefs de bande à des seigneurs féodaux ; comme ces derniers, en effet, chacun d'eux possède une zone territoriale, un véritable fief, dans lequel son autorité est incontestée, où il perçoit régulièrement un impôt, sagement calculé de manière à tirer des populations tout ce qu'elles peuvent donner, sans toutefois les accabler par de trop lourdes charges, ce qui aurait l'inconvénient de les exaspérer et de tarir en même temps la source de sa propre richesse.

« De son côté, le chef pirate, se substituant dans l'exercice des fonctions publiques aux mandarins royaux, assure la police de la contrée, y rend la justice et protège les villages contre les entreprises des autres bandes. Nos détachements ont surpris des correspondances échangées entre chefs de bandes, dans lesquelles ces derniers, en se traitant réciproquement d'Excellences et de Messeigneurs, réclamaient et obtenaient la reddition de femmes et de buffles volés à un village ami par une bande voisine [1]. »

On comprend que, parmi ces seigneurs féodaux, il puisse en exister un certain nombre désireux de vivre avec nous en bonne intelligence, soit que, pressés par l'âge, ils éprouvent le besoin de se reposer des fatigues d'une existence longtemps aventureuse, soit qu'ils ne puissent trouver, ailleurs que dans le Delta ou par les ports du Tonkin, l'écoulement des produits agricoles ou miniers des régions qu'ils exploitent. Il ne semble donc pas qu'il faille proscrire *à priori* toute tentative de négociations avec les chefs de bandes mixtes qui font des ouvertures de soumission. Nous pensons cependant que les bases sur lesquelles ont été conclues, jusqu'à ce jour, les conventions avec ces chefs sont tout à leur avantage et que des conventions de cette nature ne sont faites ni pour relever notre prestige ni pour asseoir notre influence. Si l'on en croit la rumeur publique et les renseignements donnés par la presse du Tonkin, renseignements qui n'ont jamais donné lieu à des rectifications officielles, les bases de la soumission du chef Luam-Tam-Ky auraient été les suivantes : 1° le territoire, occupé par ses bandes et actuellement soumis à

---

[1] Colonel FREY, de l'infanterie de marine, *Pirates et Rebelles au Tonkin.*

son autorité, sera dispensé de payer l'impôt pendant une durée de (?) années et continuera à être administré par lui, sans contrôle et sans intrusion de fonctionnaires annamites ou français; 2º une solde mensuelle de (?) piastres sera payée par l'autorité française, à raison de (?) piastres par fusil pour (?) fusils [1]; 3º le poste français de Cho-Chu, construit en 1889 pour arrêter les incursions des bandes de Luam-Tam-Ky, sera évacué et détruit. Enfin, indépendamment de ces clauses, Luam-Tam-Ky aurait reçu la promesse de ne pas être inquiété pour la contrebande de l'opium. En échange de toutes ces concessions, le chef pirate se serait simplement engagé à vivre en paix avec nous, à assurer la tranquillité du pays à l'ouest et au nord-ouest de Thaï-Nguyen et à nous prêter le concours de sa bande, dans le cas où cette tranquillité serait troublée par les bandes voisines.

Il n'est pas besoin de longues réflexions pour voir que nous avons conclu un véritable marché de dupes, que les clauses de la convention sont toutes favorables à Luam-Tam-Ky et que la seule obligation acceptée par lui, celle d'assurer la tranquillité à l'ouest et au nord-ouest de Thaï-Nguyen, est complètement illusoire, puisque cette région était sous sa dépendance et n'avait jamais été parcourue que par ses propres bandes. En outre, et sans avoir un souci bien exagéré de notre dignité nationale, il est permis de trouver qu'une convention, négociée avec un chef pirate dans les conditions exposées plus haut, constitue tout simplement un aveu d'impuissance et un acte auquel, par euphémisme, nous accolerons simplement l'épithète de « timoré ». Il est permis d'espérer que le gouverneur général actuel de l'Indo-Chine ne suivra pas la voie tracée par son prédécesseur et que, dans les négociations entamées pour la soumission des chefs Ba-Ky et Luu-Ky, il aura su sauvegarder à la fois nos intérêts et notre honneur. En ce qui concerne Luu-Ky notamment, qui ne semble posséder aucun domaine territorial et qui paraît n'être que le chef, plus ou moins authentique, d'une forte bande de convoyeurs de butin sans feu ni lieu [2], nous pensons que seule une soumission pure et simple aura pu être acceptée.

---

[1] Des gens armés, de la bande de Luam-Tam-Ky, viennent, chaque mois, prendre cette solde à Thaï-Nguyen.

[2] Les bandes de Luu-Ky, qui opèrent entre le Loch-Nam, le Song-Thuong,

Tout en ne proscrivant pas *à priori*, comme nous l'avons dé-
claré, le procédé de suppression de certaines bandes par acceptation de leur soumission, nous croyons devoir faire remarquer,
avant de terminer, que, si ces bandes conservent leurs armes
après leur soumission, elles n'en constitueront pas moins pour
nous, en cas de guerre avec la Chine, un danger considérable.
Le rôle qu'elles sont appelées à jouer, dans cette hypothèse, ne
sera en rien modifié par leur tranquillité apparente et, si elles ne
forment plus, d'une manière permanente, des bandes pirates
proprement dites, elles n'en seront pas moins de véritables colonies militaires chinoises, avant-gardes ou avant-postes éventuels
de l'armée des Célestes, installés à demeure sur le territoire du
Tonkin.

---

la mer et la frontière de Chine, sont un exemple de bandes constituant, à
elles seules, les trois échelons que nous avons indiqués comme formant un
groupe pirate complet.

Paris. — Imprimerie L. BAUDOIN, 2, rue Christine.